羽生結弦

SEASON PHOTOBOOK

2018-2019

by Nobuaki Tanaka

2018-2019
頂点への旅、再び。

頂点への旅、再び。

SEASON
PHOTOBOOK
2018-2019

光と感動のコラボレーション

Showtime!

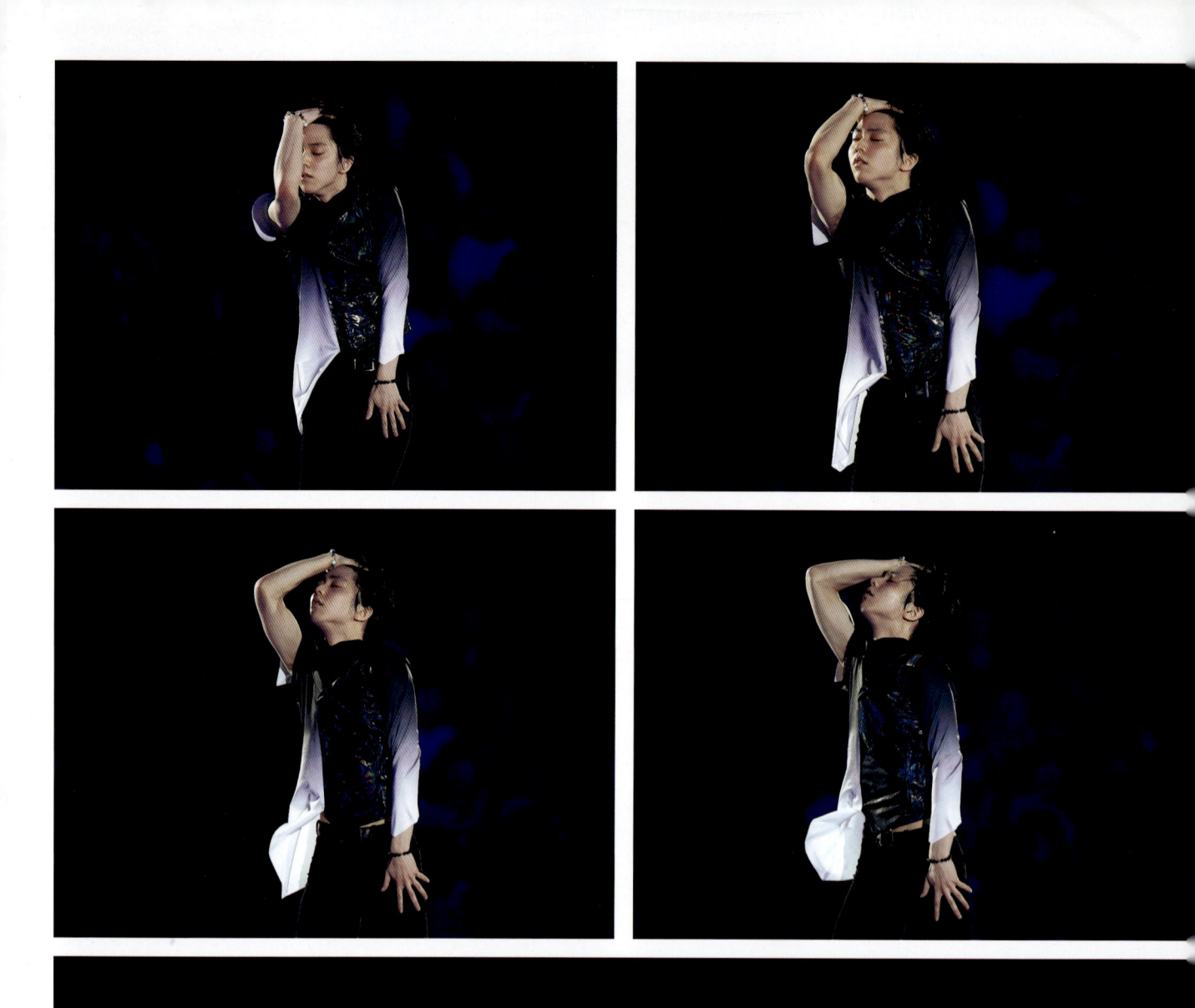

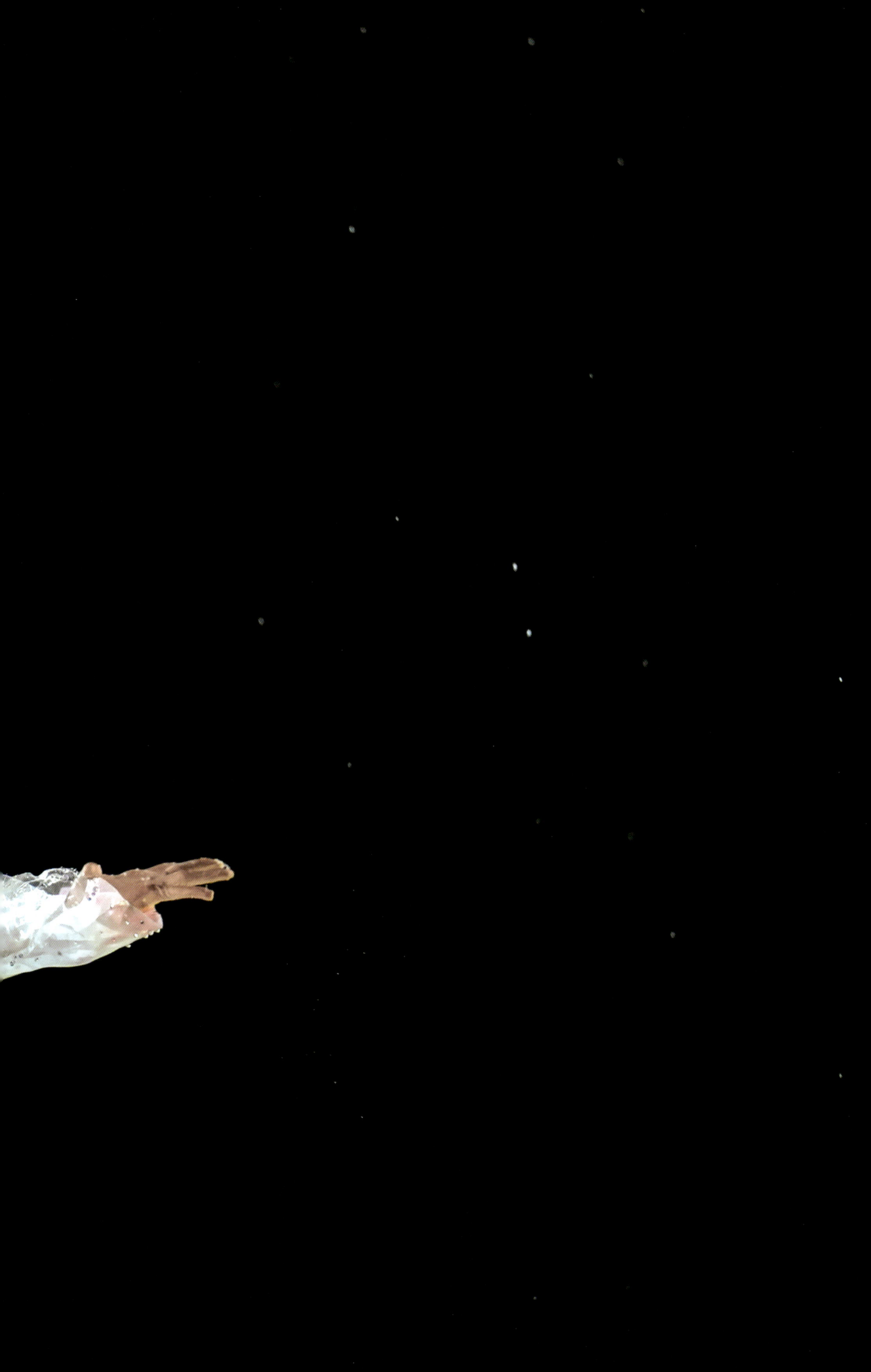

頂点への旅、再び。

SEASON
PHOTOBOOK
2018-2019

新たな始動
Toronto Cricket and Curling Club

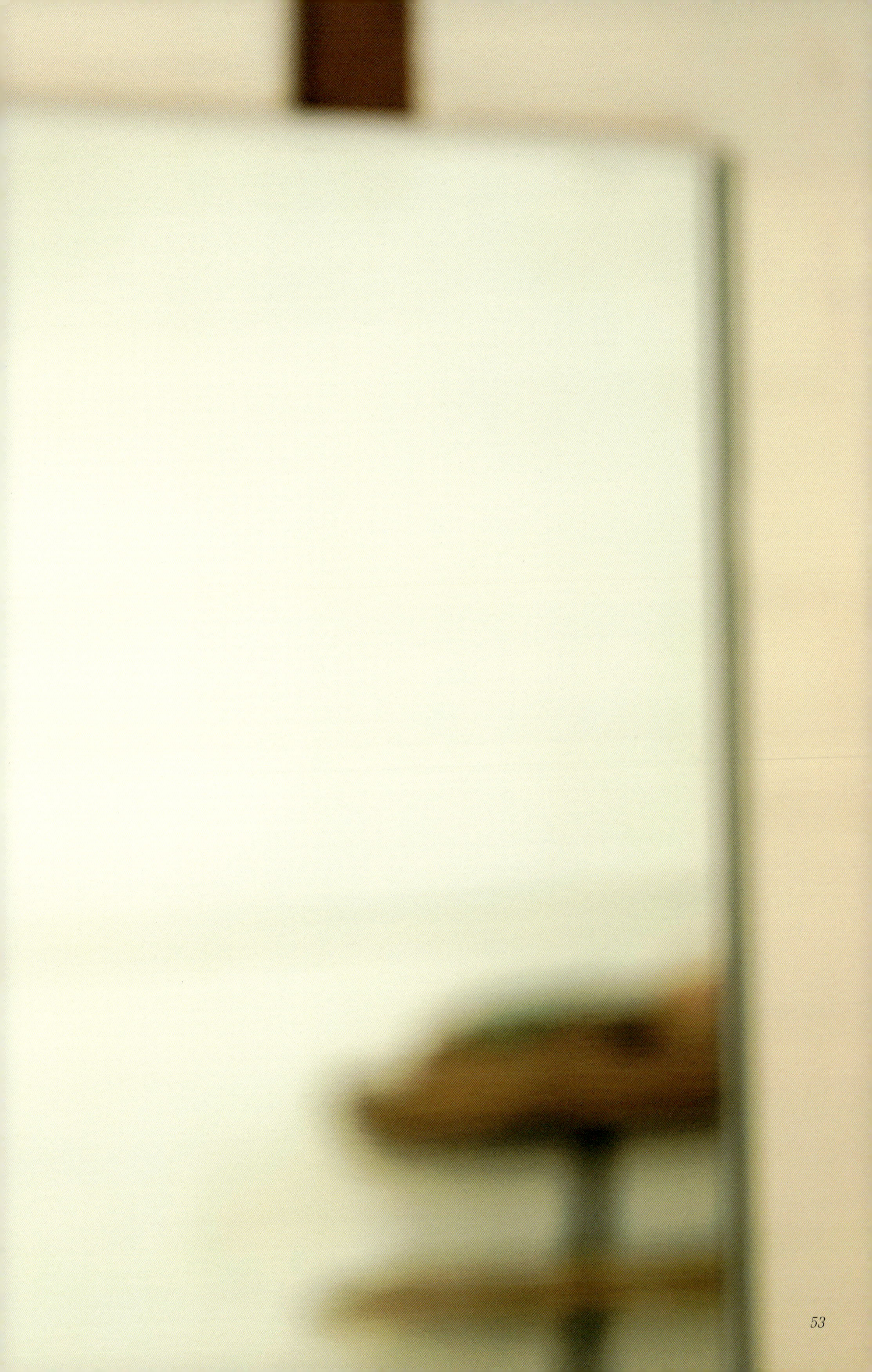

頂点への旅、再び。

SEASON
PHOTOBOOK
2018-2019

輝きを取り戻すとき
2018 Autumn Classic International

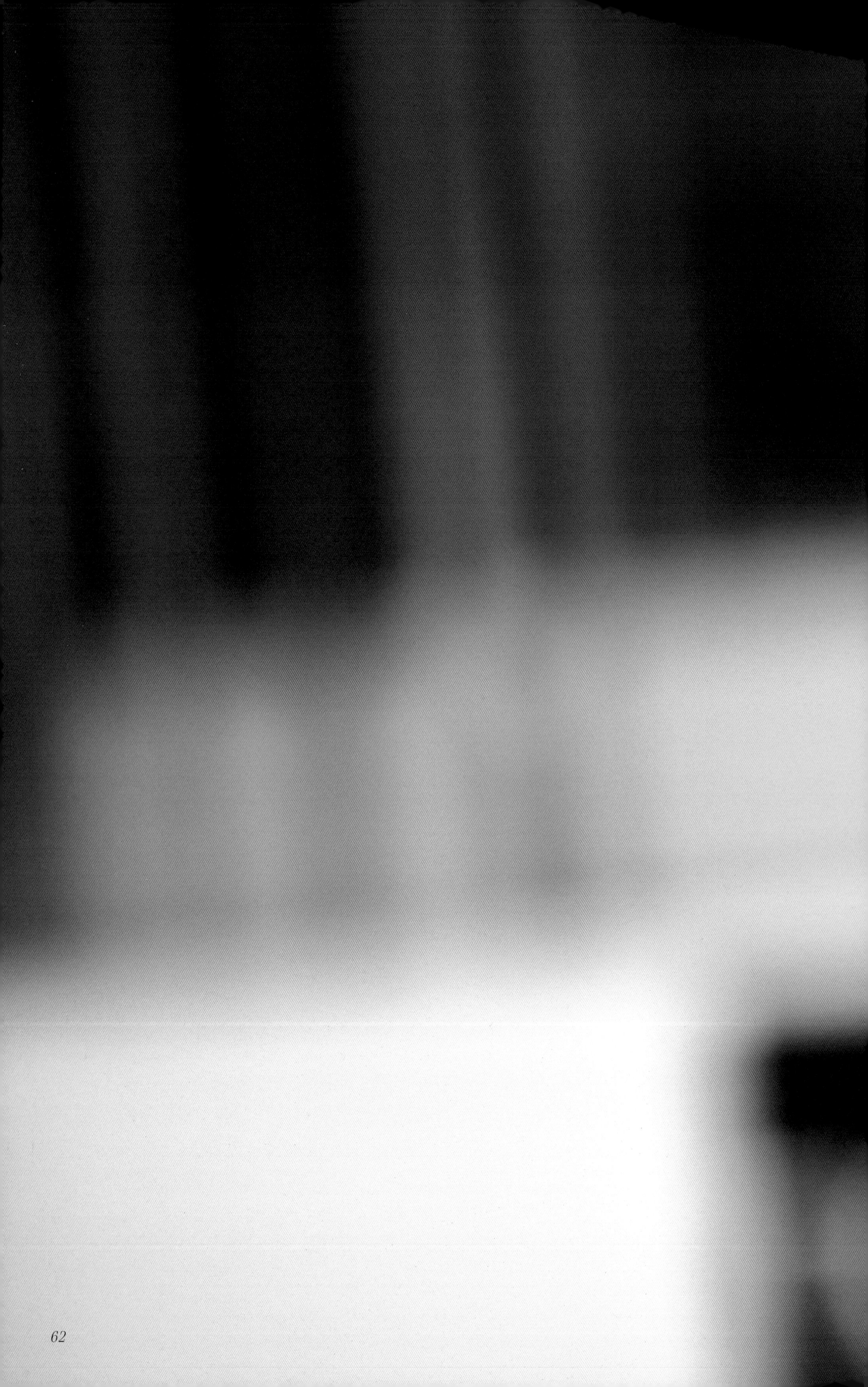

頂点への旅、再び。

SEASON
PHOTOBOOK

2018-2019

止まらない進化
ISU GP Helsinki 2018

頂点への旅、再び。

チャンピオンの資質

ISU GP Rostelecom Cup 2018

頂点への旅、再び。

SEASON
PHOTOBOOK
2018-2019

次なる闘いへの序章
World Championships 2019

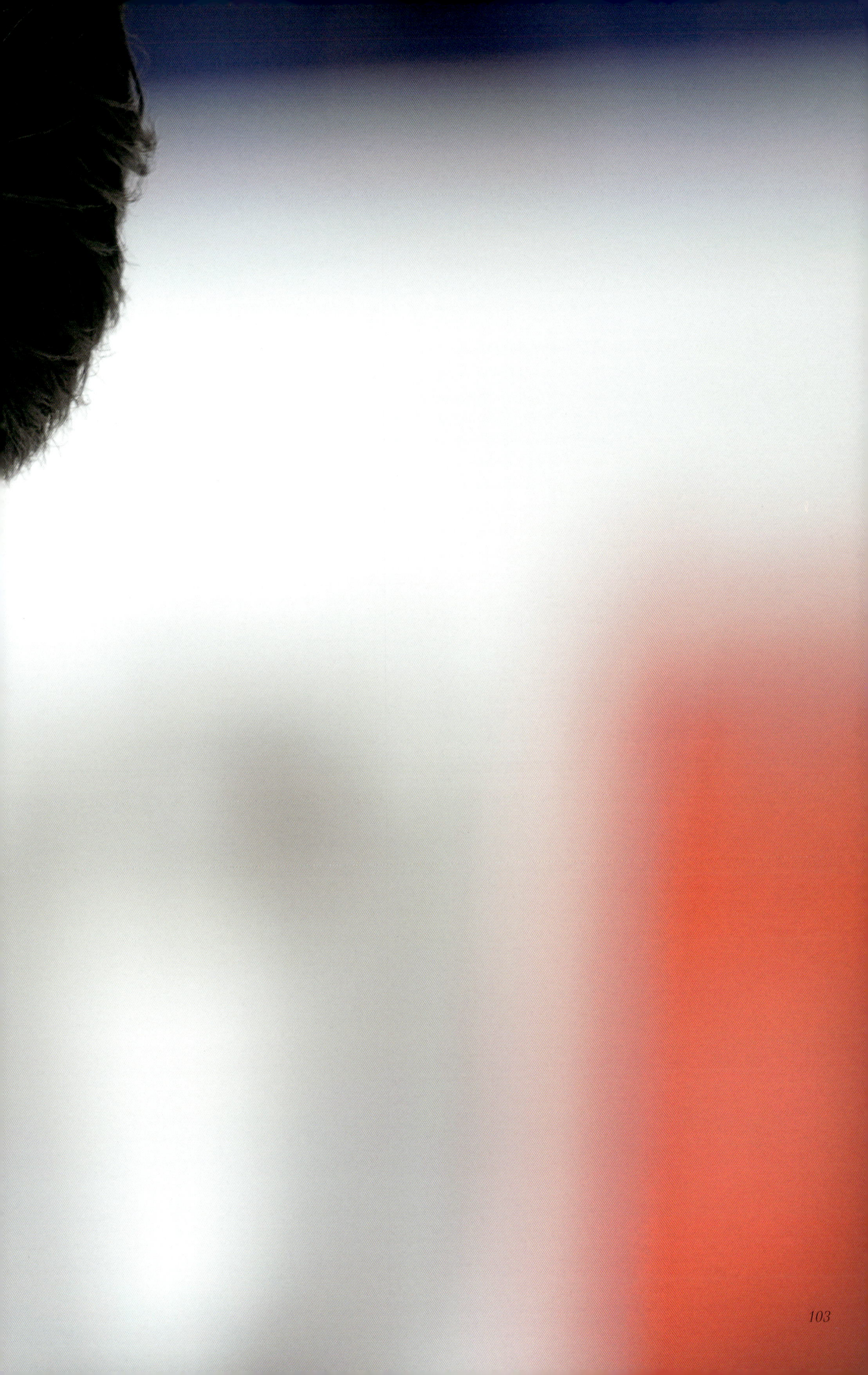

頂点への旅、再び。

栄光を伝える街

Olympic Gold Medal Monument

羽生 結弦
Yuzuru Hanyu

2018　平昌冬季オリンピック
フィギュアスケート男子シングル
金メダリスト

PyeongChang 2018 Winter Olynpic Games
Men, Figure Skating
Gold Medalist

RESULTS　2018-2019 羽生結弦 全成績

スケートカナダオータムクラシック　2018年9月20日～22日　カナダ・オークビル

ショート

2018 Autumn Classic International
MEN SHORT PROGRAM　　JUDGES DETAILS PER SKATER

Rank	Name		Nation	Starting Number	Total Segment Score	Total Element Score		Program Component Score (factored)	Total Component	Total Deductions
1	Yuzuru HANYU		JPN	15	97.74	52.34			45.40	0.00

#	Executed Elements	Info	Base Value	GOE	J1	J2	J3	J4	J5	J6	J7	J8	J9	Ref	Scores of Panel
1	4S		9.70	3.49	3	3	3	4	4	4	4				13.19
2	3A		8.00	2.72	1	3	4	3	3	4	4				10.72
3	4T+3T		13.70	1.71	-1	0	1	2	3	3	3				15.41
4	FCSp3		2.80	0.84	3	3	4	3	3	3	3				3.64
5	CSSp		0.00	0.00	-	-	-	-	-	-	-				0.00
6	StSq4		3.90	1.64	3	3	5	4	4	5	5				5.54
7	CCoSp3		3.00	0.84	2	2	3	3	4	4	2				3.84
			41.10												52.34
	Program Components			Factor											
	Skating Skills			1.00	8.75	8.75	9.50	9.50	9.00	9.50	9.25				9.20
	Transitions			1.00	8.50	8.50	9.50	9.25	9.00	9.25	9.00				9.00
	Performance			1.00	8.75	8.00	9.50	9.00	8.50	9.25	9.00				8.90
	Composition			1.00	9.00	9.00	9.75	9.25	9.00	9.25	9.25				9.15
	Interpretation of the Music			1.00	9.00	8.50	9.75	9.25	8.75	9.25	9.50				9.15
	Judges Total Program Component Score (factored)														45.40

Deductions	0.00

フリー

2018 Autumn Classic International
MEN FREE SKATING　　JUDGES DETAILS PER SKATER

Rank	Name		Nation	Starting Number	Total Segment Score	Total Element Score		Program Component Score (factored)	Total Component	Total Deductions
2	Yuzuru HANYU		JPN	16	165.91	79.01			87.90	1.00

#	Executed Elements	Info	Base Value		GOE	J1	J2	J3	J4	J5	J6	J7	J8	J9	Ref	Scores of Panel
1	4Lo		10.50		2.10	1	-1	3	1	3	3	2				12.60
2	4T		9.50		3.99	4	5	4	4	4	4	5				13.49
3	CCoSp3V		2.25		0.50	1	-1	2	3	3	3	2				2.75
4	StSq3		3.30		1.19	3	2	4	3	4	4	4				4.49
5	3Lo		4.90		1.57	4	4	3	2	3	3	3				6.47
6	4S		9.70		-4.85	-5	-5	-5	-5	-5	-5	-5				4.85
7	2T		1.43	x	-0.08	0	-1	-1	-1	0	0	-1				1.35
8	3A+2T		10.23	x	2.08	2	1	3	2	3	3	4				12.31
9	ChSq1		3.00		1.30	3	3	4	3	2	2	2				4.30
10	3A		8.80	x	0.16	0	-1	2	0	1	0	0				8.96
11	FCSSp4		3.00		1.02	4	4	4	3	3	3	3				4.02
12	FCCoSp4V		2.63		0.79	3	3	3	3	3	3	3				3.42
			69.24													79.01
	Program Components				Factor											
	Skating Skills				2.00	8.75	8.75	9.00	8.75	8.75	9.00	9.25				8.85
	Transitions				2.00	8.50	7.75	9.00	8.50	8.75	8.75	9.00				8.70
	Performance				2.00	8.75	8.50	9.00	8.50	8.50	8.75	9.25				8.70
	Composition				2.00	8.75	8.75	9.25	8.75	8.75	9.00	9.25				8.90
	Interpretation of the Music				2.00	9.00	8.50	9.25	8.50	8.75	8.75	9.00				8.80
	Judges Total Program Component Score (factored)															87.90

Deductions	Falls: -1.00(1)	-1.00

x Credit for highlight distribution, base value multiplied by 1.1

SU GP Helsinki 2018

IEN SHORT PROGRAM   JUDGES DETAILS PER SKATER

Rank	Name	Nation	Starting Number	Total Segment Score	Total Element Score	Program Component Score (factored)	Total Deductions
1	Yuzuru HANYU	JPN	9	106.69	59.09	47.60	0.00

#	Executed Elements	Info	Base Value	GOE	J1	J2	J3	J4	J5	J6	J7	J8	J9	Ref	Scores of Panel
1	4S		9.70	4.30	4	4	4	5	5	5	3	4	5		14.00
2	3A		8.00	2.29	3	3	2	2	5	4	3	3	2		10.29
3	4T+3T		15.07 x	1.36	1	1	1	2	4	2	1	2	0		16.43
4	FCSp4		3.20	1.10	3	4	3	4	4	4	3	2	3		4.30
5	CSSp4		3.00	1.16	3	4	3	3	5	5	4	4	4		4.16
6	StSq3		3.30	1.51	4	5	5	4	5	4	5	3	5		4.81
7	CCoSp4		3.50	1.60	4	5	5	4	5	5	4	5	4		5.10
			45.77												59.09

Program Components	Factor	J1	J2	J3	J4	J5	J6	J7	J8	J9		Scores of Panel
Skating Skills	1.00	9.50	9.50	9.50	9.50	9.75	9.50	9.50	9.00	9.50		9.50
Transitions	1.00	9.25	9.50	9.50	9.25	9.50	9.50	9.25	9.25	9.50		9.39
Performance	1.00	9.25	9.50	10.00	9.25	9.75	9.75	9.50	9.25	9.25		9.46
Composition	1.00	9.50	9.50	9.75	9.50	9.75	10.00	9.50	9.75	9.75		9.64
Interpretation of the Music	1.00	9.50	9.75	9.75	9.25	10.00	9.75	9.50	9.50	9.50		9.61
Judges Total Program Component Score (factored)												47.60

Deductions		0.00

Credit for highlight distribution, base value multiplied by 1.1

—

SU GP Helsinki 2018

IEN FREE SKATING   JUDGES DETAILS PER SKATER

Rank	Name	Nation	Starting Number	Total Segment Score	Total Element Score	Program Component Score (factored)	Total Deductions
1	Yuzuru HANYU	JPN	10	190.43	98.01	92.42	0.00

#	Executed Elements	Info	Base Value	GOE	J1	J2	J3	J4	J5	J6	J7	J8	J9	Ref	Scores of Panel
1	4Lo<	<	7.88	-2.14	-3	-3	-3	-2	-3	-4	-3	-1	-2		5.74
2	4S		9.70	3.74	4	4	4	4	3	4	3	4	4		13.44
3	FCCoSp4		3.50	1.15	3	4	3	4	3	4	3	2	3		4.65
4	StSq3		3.30	1.13	4	3	3	4	4	3	3	4	3		4.43
5	3Lo		4.90	1.47	3	3	3	3	2	4	3	3	3		6.37
6	4T<	<	7.13	-0.41	-1	0	0	-1	0	-2	-1	0	-1		6.72
7	4T+3A+SEQ		15.40 x	-0.14	1	0	-1	-1	-2	1	-1	2	0		15.26
8	3F+3T		10.45 x	1.59	3	3	3	3	3	2	3	3	4		12.04
9	3A+1Eu+3S		14.08 x	2.17	3	3	2	2	3	3	1	4	3		16.25
10	ChSq1		3.00	1.57	5	3	4	3	3	2	3	2	4		4.57
11	FCSSp4		3.00	0.99	3	3	5	3	4	4	3	3	3		3.99
12	CCoSp4		3.50	1.05	3	4	3	3	2	3	2	4	3		4.55
			85.84												98.01

Program Components	Factor	J1	J2	J3	J4	J5	J6	J7	J8	J9		Scores of Panel
Skating Skills	2.00	9.50	9.50	9.50	9.25	9.25	9.25	9.25	9.25	9.25		9.32
Transitions	2.00	9.00	9.25	9.00	9.00	9.00	9.25	9.00	9.25	8.75		9.07
Performance	2.00	9.00	9.50	9.50	8.75	9.25	8.75	9.00	9.50	9.00		9.14
Composition	2.00	9.25	9.75	9.50	9.50	9.25	9.00	9.00	9.75	9.25		9.36
Interpretation of the Music	2.00	9.25	9.75	9.75	9.25	9.00	9.25	9.00	9.50	9.25		9.32
Judges Total Program Component Score (factored)												92.42

Deductions		0.00

< Under-rotated jump   x Credit for highlight distribution, base value multiplied by 1.1

RESULTS　2018-2019 羽生結弦 全成績

ロシア大会　2018年11月16日〜18日　ロシア・モスクワ

ショート

ISU GP Rostelecom Cup 2018
MEN SHORT PROGRAM　　JUDGES DETAILS PER SKATER

Rank	Name		Nation	Starting Number	Total Segment Score	Total Element Score		Program Component Score (factored) Total	Total Deductions
1	Yuzuru HANYU		JPN	12	110.53	62.44		48.09	0.00

#	Executed Elements	Info	Base Value	GOE	J1	J2	J3	J4	J5	J6	J7	J8	J9	Ref	Scores of Panel
1	4S		9.70	4.30	5	4	4	5	5	4	3	4	5		14.00
2	3A		8.00	3.31	5	4	4	5	4	4	3	5	3		11.31
3	4T+3T		15.07 x	3.12	3	3	4	3	3	4	3	5	3		18.19
4	FCSp4		3.20	1.01	3	3	3	3	4	3	2	3	4		4.21
5	CSSp4		3.00	1.16	4	3	3	5	4	4	4	3	5		4.16
6	StSq4		3.90	1.67	4	4	4	4	5	3	4	5	5		5.57
7	CCoSp4		3.50	1.50	4	4	4	5	4	4	4	5	5		5.00
			46.37												62.44

Program Components		Factor												
Skating Skills		1.00	9.75	9.50	9.50	9.75	9.75	9.50	9.50	9.50	9.50		9.57
Transitions		1.00	9.50	9.50	9.25	9.50	9.50	9.50	9.25	9.75	9.50		9.46
Performance		1.00	9.75	9.75	9.50	9.75	9.75	9.75	9.75	10.00	9.50		9.71
Composition		1.00	9.50	9.75	9.50	10.00	9.75	9.50	9.50	9.75	9.75		9.64
Interpretation of the Music		1.00	9.50	9.75	9.50	10.00	9.75	9.50	9.75	10.00	9.75		9.71
Judges Total Program Component Score (factored)														48.09

| Deductions | | | | | | | | | | | | | | 0.00 |

x Credit for highlight distribution, base value multiplied by 1.1

フリー

ISU GP Rostelecom Cup 2018
MEN FREE SKATING　　JUDGES DETAILS PER SKATER

Rank	Name		Nation	Starting Number	Total Segment Score	Total Element Score		Program Component Score (factored) Total	Total Deductions
1	Yuzuru HANYU		JPN	10	167.89	78.25		90.64	1.00

#	Executed Elements	Info	Base Value	GOE	J1	J2	J3	J4	J5	J6	J7	J8	J9	Ref	Scores of Panel
1	4S		9.70	3.60	5	3	4	4	4	3	3	4	4		13.30
2	4T		9.50	4.34	5	4	4	5	5	3	4	5	5		13.84
3	FCCoSp4		3.50	1.25	3	3	4	3	4	4	3	4	4		4.75
4	StSq3		3.30	1.18	4	5	2	4	3	3	3	4	4		4.48
5	3Lo		4.90	1.33	3	3	3	4	1	2	2	3	3		6.23
6	3F	!	5.30	0.53	0	2	0	1	0	2	0	3	2		5.83
7	4T+1Eu<<+3S	<<	15.18 x	-3.26	-2	-3	-4	-3	-4	-3	-3	-4	-5		11.92
9	3A<	<	6.60 x	-3.00	-4	-5	-5	-5	-5	-5	-5	-5	-5		3.60
10	1A		1.21 x	-0.20	2	-2	-1	-2	-1	-1	-4	-3	-3		1.01
11	ChSq1		3.00	1.50	2	5	2	4	3	2	3	4	3		4.50
12	FCSSp4		3.00	0.94	3	5	2	3	3	3	3	4	3		3.94
13	CCoSp4		3.50	1.35	4	5	2	4	4	4	4	4	3		4.85
			68.69												78.25

Program Components		Factor												
Skating Skills		2.00	9.25	9.50	9.00	9.50	9.25	9.25	9.00	9.25	9.25		9.25
Transitions		2.00	9.00	9.50	8.75	9.25	9.00	9.25	8.75	9.00	8.75		9.00
Performance		2.00	9.00	9.25	8.50	9.25	8.75	9.25	8.75	9.00	8.50		8.93
Composition		2.00	9.25	9.75	8.75	9.25	9.25	9.00	9.25	9.25	9.00		9.18
Interpretation of the Music		2.00	9.00	9.50	8.75	9.25	8.75	9.00	9.00	9.00	8.75		8.96
Judges Total Program Component Score (factored)														90.64

| Deductions | | Falls:　-1.00(1) | | | | | | | | | | | | -1.00 |

< Under-rotated jump　<< Downgraded jump　x Credit for highlight distribution, base value multiplied by 1.1　! Not clear edge

World Championships 2019

MEN SHORT PROGRAM　　　JUDGES DETAILS PER SKATER

Rank	Name		Nation	Starting Number	Total Segment Score	Total Element Score	Total Program Component Score (factored)	Total Deductions
3	Yuzuru HANYU		JPN	30	94.87	48.16	46.71	0.00

#	Executed Elements	Info	Base Value	GOE	J1	J2	J3	J4	J5	J6	J7	J8	J9	Ref	Scores of Panel
1	2S*	*	0.00	0.00	-	-	-	-	-	-	-	-	-		0.00
2	3A		8.00	3.43	4	4	4	4	5	5	5	4	4		11.43
3	4T+3T		15.07 X	2.71	3	4	2	3	3	2	4	3	2		17.78
4	FCSp4		3.20	1.14	4	4	4	4	3	4	3	3	3		4.34
5	CSSp4		3.00	1.24	4	5	5	4	4	4	4	4	4		4.24
6	StSq4		3.90	1.62	4	4	5	4	4	4	4	5	4		5.52
7	CCoSp4		3.50	1.35	4	5	4	4	4	4	3	4	3		4.85
			36.67												48.16

Program Components	Factor											
Skating Skills	1.00	9.50	9.00	9.50	9.25	9.25	9.25	9.25	9.50	9.50		9.36
Transitions	1.00	9.25	8.75	9.25	9.00	9.50	9.50	9.25	9.50	9.50		9.32
Performance	1.00	9.50	8.75	9.25	9.00	9.00	9.50	9.00	9.50	9.50		9.25
Composition	1.00	9.50	9.00	9.50	9.50	9.50	9.25	9.00	9.75	9.50		9.39
Interpretation of the Music	1.00	9.50	8.75	9.75	9.00	9.50	9.25	9.25	9.75	9.50		9.39
Judges Total Program Components Score (factored)												46.71

Deductions:	0.00

* Invalid element　X Credit highlight distribution, base value multiplied by 1.1

World Championships 2019

MEN FREE SKATING　　　JUDGES DETAILS PER SKATER

Rank	Name		Nation	Starting Number	Total Segment Score	Total Element Score	Total Program Component Score (factored)	Total Deductions
2	Yuzuru HANYU		JPN	22	206.10	110.26	95.84	0.00

#	Executed Elements	Info	Base Value	GOE	J1	J2	J3	J4	J5	J6	J7	J8	J9	Ref	Scores of Panel
1	4Lo		10.50	3.45	3	1	4	5	3	4	3	3	3		13.95
2	4S<	<	7.28	-1.35	-3	-3	-3	-1	0	-1	-2	-1	-2		5.93
3	FCCoSp4		3.50	1.15	2	4	3	4	3	3	3	4	3		4.65
4	StSq3		3.30	1.32	3	5	3	4	4	4	5	5	3		4.62
5	3Lo		4.90	1.68	3	4	3	4	3	4	4	3	3		6.58
6	4T		9.50	3.80	4	4	4	4	4	5	4	3	4		13.30
7	4T+3A+SEQ		15.40 X	3.12	3	4	2	4	3	4	3	3	3		18.52
8	3F+3T		10.45 X	1.74	2	4	3	4	2	5	4	3	3		12.19
9	3A+1Eu+3S		14.08 X	2.17	2	4	3	4	1	2	3	3	2		16.25
10	ChSq1		3.00	2.21	3	5	4	4	4	5	5	4	5		5.21
11	FCSSp4		3.00	1.11	3	3	4	4	3	5	5	4	3		4.11
12	CCoSp4		3.50	1.45	3	5	3	5	4	5	5	4	3		4.95
			88.41												110.26

Program Components	Factor											
Skating Skills	2.00	9.75	9.50	9.50	9.75	9.75	9.75	9.50	9.75	9.50		9.64
Transitions	2.00	9.50	9.25	9.00	9.50	9.50	9.50	9.50	9.50	9.00		9.39
Performance	2.00	9.75	9.75	9.50	9.50	10.00	9.75	9.50	9.50	9.25		9.61
Composition	2.00	9.75	9.50	9.25	9.75	9.75	9.50	10.00	9.75	9.50		9.64
Interpretation of the Music	2.00	9.75	9.75	9.50	9.75	9.50	9.75	9.50	9.75	9.50		9.64
Judges Total Program Components Score (factored)												95.84

Deductions:	0.00

< Under-rotated jump　X Credit highlight distribution, base value multiplied by 1.1

RESULTS
2018-2019 羽生結弦 全成績

スケートカナダオータムクラシック

順位	選手名（国）	SP		FS		総合
1	羽生結弦（JPN）	97.74	1	165.91	2	263.65
2	チャ・ジュンファン（KOR）	90.56	2	169.22	1	259.78
3	ローマン・サドフスキー（CAN）	78.14	4	155.72	4	233.86
4	ジェーソン・ブラウン（USA）	88.90	3	144.33	5	233.23
5	ケビン・エイモズ（FRA）	64.19	8	162.93	3	227.12
6	ベネ・トマン（CAN）	67.58	7	140.61	6	208.19

フィンランド大会

順位	選手名（国）	SP		FS		総合
1	羽生結弦（JPN）	106.69	1	190.43	1	297.12
2	ミハル・ブレジナ（CZE）	93.31	2	164.67	2	257.98
3	チャ・ジュンファン（KOR）	82.82	4	160.37	3	243.19
4	ミハイル・コリヤダ（RUS）	81.76	6	157.03	4	238.79
5	金博洋（CHN）	85.97	3	141.31	5	227.28
6	アンドレイ・ラズキン（RUS）	82.54	5	135.68	7	218.22

ロシア大会

順位	選手名（国）	SP		FS		総合
1	羽生結弦（JPN）	110.53	1	167.89	1	278.42
2	モリス・クビテラシビリ（GEO）	89.94	2	158.64	2	248.58
3	友野一希（JPN）	82.26	4	156.47	3	238.73
4	ミハイル・コリヤダ（RUS）	69.10	8	156.32	4	225.42
5	キーガン・メッシング（CAN）	73.83	7	146.92	6	220.75
6	パウル・フェンツ（GER）	78.28	5	142.29	7	220.57

世界フィギュアスケート選手権

順位	選手名（国）	SP		FS		総合
1	ネーサン・チェン（USA）	107.40	1	216.02	1	323.42
2	羽生結弦（JPN）	94.87	3	206.10	2	300.97
3	ビンセント・ジョウ（USA）	94.17	4	186.99	3	281.16
4	宇野昌磨（JPN）	91.40	6	178.92	4	270.32
5	金博洋（CHN）	84.26	9	178.45	5	262.71
6	ミハイル・コリヤダ（RUS）	84.23	10	178.21	6	262.44

■ショートプログラム 『秋によせて』
　作曲：ラウル・ディ・ブラシオ
　振付：ジェフリー・バトル
■フリースケーティング 『Origin（オリジン）』（Art on Ice, Magic Stradivarius）
　作曲：エドウィン・マートン
　振付：シェイリン・ボーン
■エキシビション 『春よ、来い』ピアノ演奏：清塚信也
　作曲：松任谷由実
　振付：デビッド・ウィルソン

応援ありがとうございます！

最強の自分を目指し、

努力していきます！

2019.
6. 9

photo by Sunao Noto

羽生結弦 SEASON PHOTOBOOK 2018-2019

2019年7月19日　初版発行

［著者（撮影）］田中宣明 / シャッターズ　［装丁・デザイン］加茂香代子　［編集人］豊崎 謙　［発行人］大田川茂樹

［発行所］株式会社 舵社
〒105-0013 東京都港区浜松町1-2-17 ストークベル浜松町
代表 TEL:03-3434-5181　FAX:03-3434-2640
販売 TEL:03-3434-4531　FAX:03-3434-5860
［印刷］株式会社 大丸グラフィックス